楽しい調べ学習シリーズ

世界の子どもの遊び

文化のちがいがよくわかる！

[監修] 寒川恒夫

PHP

もくじ

この本の使い方 …………………………… 4

第1章 遊びは世界共通！でもちょっとちがう！

じゃんけん ……………………………………… 6
おにごっこ ……………………………………… 8
かくれんぼ …………………………………… 10
花いちもんめ ………………………………… 12
ハンカチ落とし ……………………………… 14
いすとりゲーム ……………………………… 16
腕ずもう・指ずもう ………………………… 18
コマ回し ……………………………………… 20
ケンケンパ …………………………………… 22
だるまさんがころんだ ……………………… 24

室内遊びもやってみよう！
　バトルシップ（イギリス）………………… 26

第2章　世界の遊びをやってみよう！

- カバデイ（インド）……………………………………28
- マイフン（タイ）………………………………………30
- セパラガ（マレーシア）………………………………32
- ティチェンツー（中国）………………………………34
- ノルティギ（韓国）……………………………………35
- ロンドンブリッジ（イギリス）………………………36
- クリケット（イギリス）………………………………38
- ハイランドゲームズ（イギリス）……………………40
- ペタンク（フランス）…………………………………42
- フィーエルヤッペン（オランダ）……………………44
- ガラツキー（ロシア）…………………………………46
- ケーゲルン（ドイツ）…………………………………48
- ペレレ（スペイン）……………………………………50
- ブーメラン（オーストラリア）………………………51
- フォースクエア（アメリカ）…………………………52
- ララヒッパリ（メキシコ）……………………………54
- レバエナポリス（エチオピア）………………………56
- ゴンドー グル チャワウィーラ（ジンバブエ）……58

- おわりに…………………………………………………60
- 国別インデックス………………………………………61
- ♪さくいん………………………………………………62

この本の使い方

世界には子どもの遊びがいっぱいあります。日本の遊びに似たものや、全然やったこともないような遊びもありますが、それらが子どもにとって楽しいものであることはどの国でも同じです。世界の遊びをやってみることで、遠い国のことが身近に感じられるようになるでしょう。

第1章 遊びは世界共通！でもちょっとちがう！

遊びの名前／国名と遊びの名前／遊びの説明

みなさんが普段やっている遊びは世界の子どもたちもやっています。でも、国が変わると遊びの内容もちょっとずつ変わってきます。どんなところがちがうのか、どこが同じなのか、実際に遊びながら感じましょう。

第2章 世界の遊びをやってみよう！

世界には、その国どくじの遊びがいっぱいあります。第2章ではそれぞれの遊びのやり方やルールを説明しています。初めてやる遊びは難しいかもしれませんが、ぜひチャレンジしてみてください。

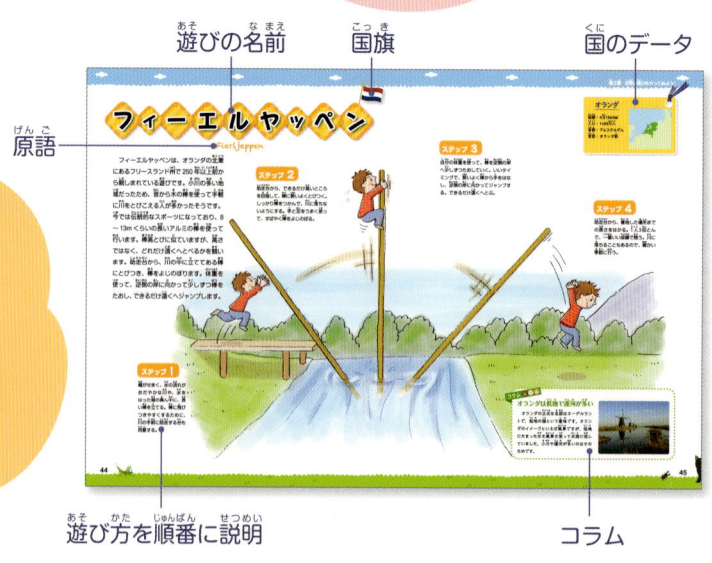

遊びの名前／国旗／国のデータ／原語／遊び方を順番に説明／コラム

こうやって調べよう

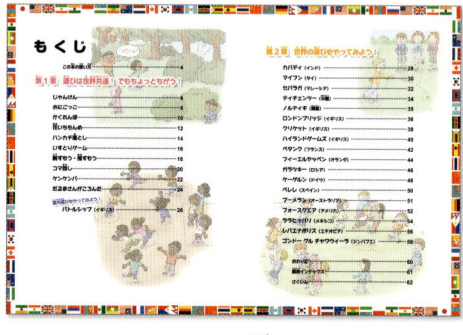

もくじを使おう
知りたい遊びや興味のある遊びをもくじから探してみましょう。

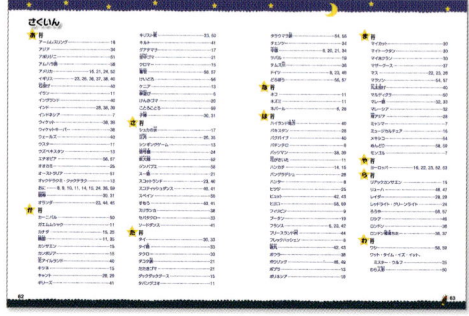

さくいんを使おう
知りたい言葉があるときは、さくいんを見ればそれが何ページにのっているかわかります。

じゃんけん

　順番や組み分けを決めるときによく使うじゃんけんは、道具がいらず気軽にできる遊びです。中国から伝わってきた「拳遊び」がもとになっているそうです。「じゃん・けん・ぽん！」などのかけ声に合わせ、グー、チョキ、パーの３つの中で、好きな手の形を出します。かたい石（グー）はハサミ（チョキ）に勝ち、ものを切れるハサミは紙（パー）に勝ち、ものを包める紙は石に勝ちます。じゃんけんは世界のいろいろな国にありますが、遊び方が少しずつちがいます。ちがう指を使ったり、４種類や５種類も手の形があったりする国もあります。

ネパール

日本の「グーパーじゃんけん」のように、手の形が２種類のじゃんけんです。手のひらを上か下かどちらかに向けます。上でも下でも、数が多かったほうのグループが勝ちです。

フランス

グーとチョキは日本と同じでパーは葉っぱです。親指と人さし指の先をつけて手をすぼめた井戸もあります。葉は井戸をふさぐので井戸に勝ち、井戸にしずむ石とハサミは負けです。

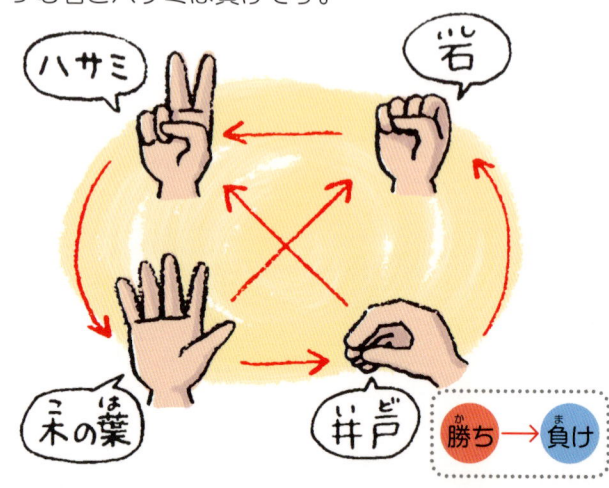

インドネシア

「スィー」のかけ声で、親指、人さし指、小指のどれか1本を立てます。ゾウ（親指）は人間（人さし指）を、人間はアリ（小指）を踏み、アリは耳から入ってゾウをやっつけます。

ミャンマー

おそいかかるトラ、腰に手をあてるえらい上官、銃を持つ兵士の、3つのポーズをとって遊びます。上官は兵士に命令し、兵士はトラをうち、トラはスキをねらって上官をおそいます。

モンゴル

指を1本立て、親指は人さし指、人さし指は中指、中指は薬指、薬指は小指、小指は親指に勝ちます。隣同士の指が出ないときはあいこになり、大勢いるときは左右の人と対戦します。

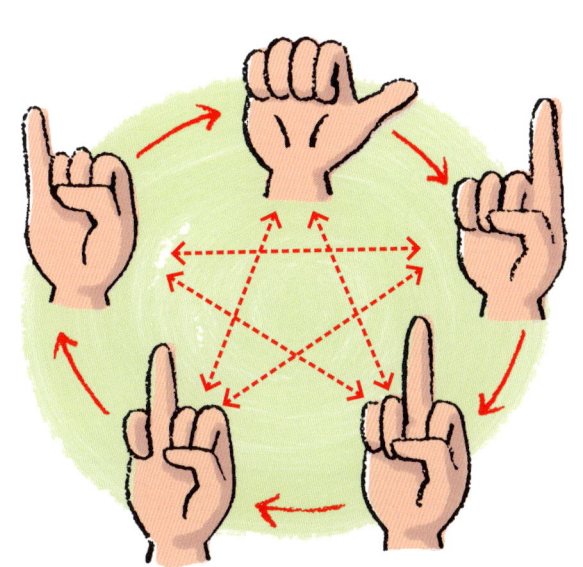

おにごっこ

おにごっこはにげる子どもをおにが追いかけてつかまえる遊びです。外で元気よくできる人気の遊びで、世界中に似た遊びがあります。日本では昔から、おにやらい*1 やおに祭り*2 など、おににまつわるいろいろな行事がありました。子どもがそれをマネして、おにごっこになったといわれています。じゃんけんでおにを決めたあと、おにには10まで数えます。そのあいだにほかの人たちは遠くへにげます。おにはみんなを走って追いかけ、つかまった人が次のおにになります。安全地帯をつくって、そこににげこむと、おににはつかまらないという遊び方もあります。

*1：平安時代からおおみそかに行われている宮中の行事。節分のもとになったといわれている。
*2：おにやらいと同様の儀式で、寺や神社で行われるものをさす。

ドイツ　フレックハッシェン

ドイツでは、おにの代わりに、ハンター（狩りをする人）が動物を追いかけます。ハンターにタッチされた人は、その部分を片手でおさえながらにげなければなりません。手で足をおさえながらにげるのはたいへんなので、できるだけ足にタッチされないようにおにからにげます。

フィリピン　パチンテロ

フィリピンのおにごっこは、2つのチームに分かれて遊ぶ通りぬけゲームです。おにの人数と同じ数の横線を引き、全部の横線をつなげる長い縦線を引きます。おにが移動できるのは横線の上だけです。先攻チームは、おににつかまらないように同時にスタートしたり、フェイントをかけたりしながら縦に動きます。タッチされるか、縦線の外側に出たらアウト。交代して遊び、ゴール地点にたどりついた人数の多いチームが勝ちです。

横線＝おにが動ける範囲

縦線

スタート　　　ゴール

かくれんぼ

　かくれんぼは、おにが見ていないあいだにかくれた子どもを、おにが見つけだす遊びです。かくれる場所がいくつかあるところで行います。じゃんけんなどでおにを1人決めて、おにはうしろ向きになって10まで数えます。「もういいかい？」と聞いて、「まあだだよ」と言われたら待ち、「もういいよ」と言われたら、その声の方向や物音をたよりにさがしにいきます。だれかを発見したら「みぃつけた！」とみんなに大声で知らせ、全員を見つけるまでさがします。最初に見つかった人が今度はおにになって遊びを続けます。

韓国　ダバングコオ

韓国には、おにが『花がさいた』という歌を歌ってからみんなをつかまえにいく遊びがあります。つかまったら、おにの陣地で捕虜になります。おにに一度つかまって陣地にとらえられても、助けにきた仲間にタッチされたらにげることができます。おにの数をふやす遊び方もあります。

イラン　ガエムムシャク

イランではネコがネズミをさがしにいきます。だれかがウスター（マスター）になり、歌を歌いながらネコになる人を選びます。ウスターがネコの目をふさいでいるあいだに、ネズミはかくれます。ウスターはネズミがかくれたことを確認する歌を歌ったあとネコの目から手をはなし、ネズミの名前を1人ずつよび、ネズミは口笛で返事をします。ネコはその音をたよりにネズミをさがし、見つからなかったネズミが勝ちです。ネコは見つけられなかったネズミをおんぶして、ウスターのところへ連れていかないといけません。

花いちもんめ

　花いちもんめは、2つのチームに分かれて歌いながら友だちを取り合う古いゲームで、地域によって歌がちがいます。チームの仲間同士で手をつなぎ、一列になって向かい合います。先攻のチームが前に進むとき、後攻のチームはさがります。「あの子がほしい」「あの子じゃわからん」「相談しよう」「そうしよう」と歌でかけ合ったあと、ほしい人を1人選び、選ばれた人同士でじゃんけんをします。負けた人は勝ったチームに加わります。「勝ってうれしい花いちもんめ」「負けてくやしい花いちもんめ」と続け、どちらかのチームから人がいなくなるまで遊びます。

ケニア  シンギングゲーム

ケニアでは、横ではなく縦の列になって遊びます。手をつなぐ代わりに、前の人の腰に手を回します。チーム同士で向かい合い、真ん中に線を引きます。歌を歌いながら、前に行ったり、後ろに行ったりしたあと、それぞれほしい子を選びます。よばれた子は列の先頭に来て、相手の人と手をつないで引っぱり合います。つな引き遊びのように、後ろの人たちは前に引っぱられないようにふんばります。線をこえてしまったチームが負けです。

ウズベキスタン

オックテラクミ・クックテラク

ウズベキスタンでは「オックテラクミ・クックテラク（白いポプラか、緑のポプラか）」とよばれます。これはウズベキスタンに多くある木の名前です。「オックテラクミ・クックテラク」と歌いながら、先攻チームが後攻チームからほしい人の名前をよびます。よばれた人は、1人で先攻チームに体当たりします。先攻チームのつないだ手をうまく断ち切れたら、先攻チームから好きな人を連れてきます。失敗したら、先攻チームに加わります。交代して、どちらかのチームが1人になるまで続けます。

先攻チーム

後攻チーム

13

ハンカチ落とし

　ハンカチ落としは室内でもできる人気の遊びです。おにを決め、残りの人は輪になり内側を向いてすわります。おにはハンカチを手に持ち、輪のまわりを歩きながら、だれかの後ろにハンカチを落とし1周します。自分の後ろにハンカチを落とされたのに気づいたら、すぐにおにを追いかけます。おにが空いているところにすわれたら、ハンカチを持っている人が次のおにになります。おにがとちゅうでつかまったら、輪の中にすわります。ハンカチを落とされたことに気づかず、1周してきたおににタッチされたら、その人はおにになるか輪の中にすわります。

カナダ 🍁 ダックダックグース

カナダや英語圏の国では、おにの代わりにキツネが輪の外を回ります。「ダック（アヒル）、ダック」と言いながらすわっている人の頭に次々さわり、1人だけに「グース（ガチョウ）」と言ってにげます。ガチョウになった人は、急いでキツネを追いかけ、キツネは1周してから空いているところにすわります。ガチョウに追いつかれたら、もう一度キツネをやります。負けたら輪の中に入る遊び方もあります。

カンボジア 🇰🇭 リアックカンサエン

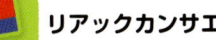

カンボジアでは、ハンカチの代わりに、肩かけにもなるクロマーという布をねじって半分に折ったもの（カンサエン）を使います。おには左回りに走りながらだれかの後ろにカンサエンを落とし、自分の後ろに置かれたのに気づいた人は、そのカンサエンで右どなりの人のおしりをたたきます。たたかれた人は、急いでおにとは逆回りに走って、自分の位置にもどります。おにに先にすわられたら、カンサエンを持っている人が次のおになります。

いすとりゲーム

　いすとりゲームはヨーロッパなどで昔から人気があった遊びです。日本でも、いすをよく使うようになってから、遊ばれるようになりました。遊ぶ人数より1つ少ない数のいすを用意し、背もたれを輪の内側に向けて丸く並べます。合図をする人を1人決め、全員で歌を歌いながら、いすの外側をぐるぐるまわります。合図が聞こえたら、歌をやめて急いでいすにすわります。すわれなかった人はゲームからぬけて、次のゲームで合図をする係になります。輪から1つずついすをへらしていき、くり返し遊びます。最後のいすにすわれた人が勝ちです。

アメリカ　ミュージカルチェア

　アメリカではリーダーを1人決めて、その人が音楽をかけたり止めたりしながら遊びます。背もたれのあるいすを一列に、前向きと後ろ向き交互に並べます。音楽がなっているときは、みんなでいすのまわりを歩きます。音楽が止まったら、急いでいすにすわります。

グアテマラ　シュカの水

グアテマラでは「シュカの水」という名前でよばれています。「シュカ」はきたないという意味です。お客さんを1人選び、残りの人は店員です。店の人同士でだれがシュカの水を売るかをこっそり決め、丸く並べたいすにすわります。お客さんは店員に何を売っているかを順番に聞き、店員はパン、野菜など好きなものを答えます。店の人が「シュカの水」と答えたらお客さんはにげ、店の人は追いかけます。お客さんが空いているいすに先にすわられたら、きれいな水を買えたことになり、みんなで拍手します。

腕ずもう 指ずもう

腕ずもう

指ずもう

　平らな場所が少しあればすぐに楽しめる腕ずもうは、2人で力くらべをする遊びです。外国ではアームレスリングという名前で知られています。台の上にひじをたて、相手の手をにぎります。合図とともに力を入れて、どちらかの手の甲が台につくまで手をおします。トーナメントにして大勢で遊ぶこともできます。
　台がなくても気軽にできるのが指ずもう。親指以外の指を使って相手の手をにぎり、親指の動きの速さと強さを競います。フェイントでかけ引きしながら、自分の親指で相手の親指を10秒間おさえこんだほうが勝ちです。

ブータン

ブータンには、1人が片手を出して、もう1人は相手の手ではなく手首を両手でにぎって遊ぶ腕ずもうがあります。合図があったら、手首をにぎられている人は、相手の手を勢いよくふりほどきます。うまくふりほどくことができたら、その人の勝ちです。

ツバル

ポリネシアの島国ツバルにも、腕ずもうと指ずもうがあります。腕ずもうは日本と同じですが、指ずもうは少しちがいます。おさえるのではなく、相手の指をのばしたほうが勝ちです。自分と相手の人さし指など、決まった指を、お互いにひっかけるようにしてぎゅっと曲げたあと、合図と同時に自分の方向へ手を引っぱります。力にたえられなくなって、指がのびてしまったほうが負けになります。

コマ回し

お正月に男の子がよく遊んだのがコマ回しです。世界のいろいろな国にコマはありますが、日本のコマは中国から平安時代に伝わってきたものがもとになっているそうです。指でひねって回すコマもありますが、コマにひもを上手に巻きつけてから投げ出し、ひもを引いて回転させる投げゴマが有名です。コマの持ち方や投げ方によって、回る勢いが変わります。何人かで同時にコマを投げて、だれのコマが一番長く回るかを競います。相手のコマにわざと自分のコマをぶつけて、相手のコマの動きを止めるけんかゴマという遊び方もあります。

第1章 遊びは世界共通！でもちょっとちがう！

 空中ゴマ

中国には、胴体の真ん中がくびれているコマがあります。端がひもでつながっている棒を両手に持ち、コマのくびれたところにひもをかけます。コマを少し地面で転がしてからひもを上げ、手を交互にすばやく動かすことで、ひもの上でコマが回転します。コマのスピードが出てきたら、高く空中に投げて、落ちてきたコマをもう一度ひもで受けたり、ボールのようにコマを友だちにパスしたりして遊びます。

アメリカ

アメリカの先住民ダコタ族*の子どもたちは冬のあいだ、動物の角や木でコマをつくって遊んだそうです。ひもでコマを打って回す、たたきゴマを使います。リーダーを1人決め、リーダーを先頭に一列になります。リーダーはコマを回しながら、好きなところに移動します。後ろの人はリーダーに続きます。前に進んだり、走ったりするとちゅうで、コマが止まってしまったらアウト。最後までコマを回し続け、リーダーについていけた人が勝ちです。

＊：アメリカ北部から中西部の大平原に住む人々で、スー語系の言語を話し、野牛狩りを生業とした。

リーダー

21

ケンケンパ

　ケンケンパは世界中にある遊びで、日本には明治時代にヨーロッパから伝わったそうです。地面にマス目をいくつか書いて、決められたとび方をします。国や地域によって、マスの形やとび方がちがいます。1マスのときは片足（ケン）、2マス並んでいるときは両足（パ）で着地します。まず、1のマス目に小石を投げ入れ、そのマスをとびこえて、2のマス、3のマスと順にとんでいきます。端まで行ったら向きを変えてもどり、2のマスまで来たら、1に入れた石を拾います。1のマスをとびこえて、もとの位置にもどったら、今度は2のマスに石を投げ、同じことをくり返します。マスから外に足が出たり、石が決まったマスに入らなかったら、次の人に交代します。2回目は、1回目に失敗したところから続けます。一番早く、最後のマスに石を投げ入れてスタート地点にもどれた人が勝ちです。

ヨーロッパのケンケンパ

マスの形はちがいますが、ヨーロッパでもケンケンパは遊ばれています。ヨーロッパでは、ケンケンパはキリスト教的なたましいの遍歴をあらわす遊びだと考えられているようです。そのため、この遊びは、ドイツでは「天国と地獄」、スコットランドでは「礼拝所」とよばれています。また、マス目には「天国」「地獄」「空」「地上」という意味の言葉が書かれます。

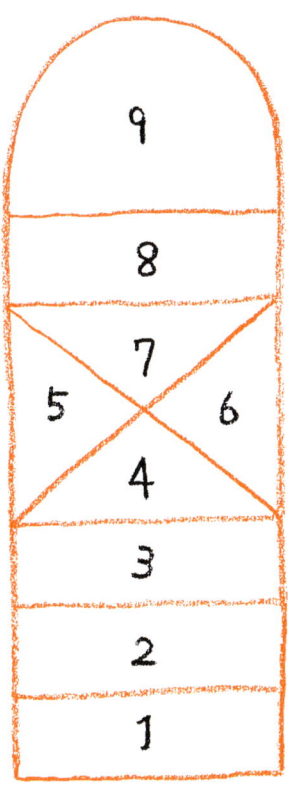

イギリス

フランス

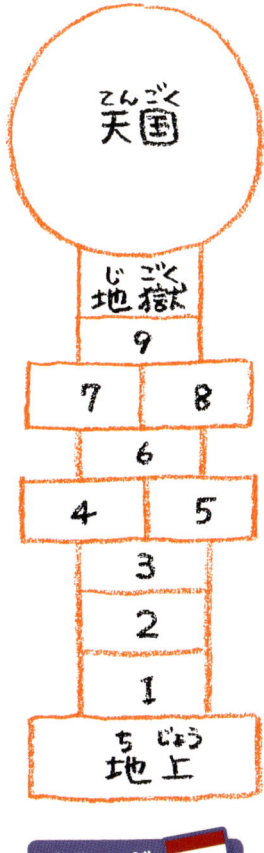

オランダ

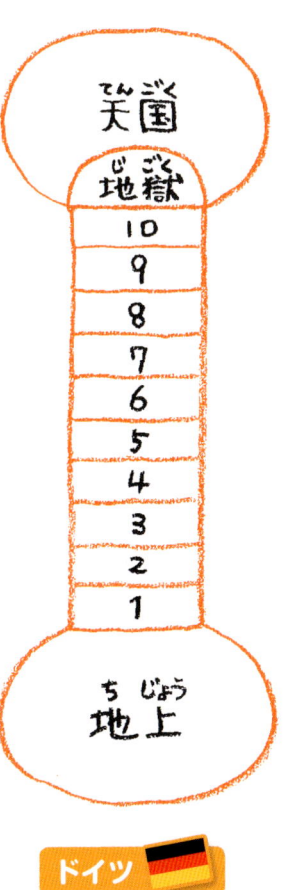

ドイツ

だるまさんが ころんだ

　おにが見ていないあいだに、遠くからおにへ近づいていく遊びです。おには背を向けて立ち、「だるまさんがころんだ」と言いながらふり返ります。おにがふり返る前にほかの人たちは少しずつ前に進みます。動いているのが見つかったら、おにの横にとらわれます。全員がつかまったら、最初につかまった人がおにになります。その前にだれかがおににタッチしたら、つかまった人もふくめてみんなそれぞれにげます。おにが「止まれ！」と声をあげると、その場で全員ストップ。おには決まった歩数を歩き、そこから手でタッチしたりくつを投げて当てたりして、みんなをつかまえます。

アメリカ  レッドライト・グリーンライト

アメリカなどの英語圏の国には、「レッドライト・グリーンライト（赤信号・青信号）」という名前のゲームがあります。1人が信号機になり、ほかの人は少しはなれたところに並びます。背を向けた信号機の人が「青信号！」と言ったら、みんなは信号機に向かって歩き、「赤信号！」と言ってふり返ったら、動きを止めます。動いているのを信号機の人に見られたら、その人はアウト。見つからずにうまく信号機の人に近づき、タッチできた人が勝ちです。

レッドライト！（赤信号）

カナダ　ワット・タイム・イズ・イット、ミスター・ウルフ

オオカミとヒツジに分かれて遊びます。オオカミはみんなに背を向けて立ちます。ヒツジたちは少しはなれたスタートラインから「ワット・タイム・イズ・イット、ミスター・ウルフ（オオカミさん、今何時）？」と聞き、オオカミが「スリー・オクロック（3時）」と答えたら、ヒツジは3歩前に進みます。何度かそれをくり返してから、ヒツジにタッチされる前にオオカミは「ディナータイム（ごはんの時間だ）！」とさけんでふり返り、スタートラインまでもどろうとするヒツジを追いかけます。

室内遊びもやってみよう！
バトルシップ battle ship

イギリス

　紙とえんぴつがあれば2人ですぐにできる遊びで、お互いの船を攻撃します。縦横10個のマス目を、自分の船用と相手の船用に2つ書き、それぞれ1～10、A～Jを割り当てます。自分用のマス目に、自分の船を7つ書き入れます。戦艦1つ（4マス）、巡洋艦2つ（3マス）、駆逐艦2つ（2マス）、潜水艦2つ（1マス）を自分が決めたマス目にうめ、相手には見えないようにします。先攻の人はたとえば5Bと言って相手の船を攻撃し、後攻の人はその位置に自分の船があるかを見ます。あれば「アタリ」、なければ「ハズレ」と答え、先攻の人は相手の船用のマス目に○×を書きこみます。後攻の人は自分のマス目に、攻撃された部分を記入します。これを交互にくり返し、先に相手の船をすべてしずめた人が勝ちです。

ステップ1
10×10のマス目を2つ並べて書き、片側に自分の船を7つ書く（船のマス数を、縦か横に線で囲む）逆側のマス目は、相手の船の位置を書きこむのに使う。

ステップ2
先攻の人は、相手の船の位置を想像して7Gなどマス目を1つ言う。後攻の人がその場所に自分の船を書いていたら攻撃成功。なにも記入していない逆側のマス目の7Gの位置に○を書く。攻撃された人は、自分の船の7Gの位置に●を書く。

ステップ3
次に後攻の人が攻撃する。たとえば2Bと言い、もしその位置に相手が船を書いていなかったら攻撃失敗。なにも記入していない逆側のマス目の2Bの位置に×を書く。攻撃された人は、自分の船の2Bの位置に●を書く。

ステップ4
交互にくり返し、攻撃を続ける。どれかの船のすべてのマス目が攻撃されたら、「○○艦、沈没」と正直に言う。先に相手の船をすべて○でうめて、沈没させたほうが勝ち。

26

第2章
世界の遊びをやってみよう!

各国の面積、人口は2014年のデータです。

カバディ

कबड्डी

インド
面積：328万7469km²
人口：12億6740万人
首都：ニューデリー
言語：ヒンディー語、英語

　カバディは２つのチームに分かれて行うおにごっこのような遊びで、インドの国技にもなっています。インドで生まれ、ネパール、パキスタン、バングラデシュなど南アジアに広まったそうです。レイダーとよばれる先攻チームの１人が敵の陣地に入り、「カバディ、カバディ……」と声を出しながら、できるだけたくさんの人にタッチします。後攻チームの人たちは、タッチされないようににげるか、みんなで協力してレイダーをつかまえます。レイダーは、息が切れる前に自分の陣地にもどって、次の人と代わります。とちゅうで息が切れたらアウトです。

ステップ 1

７人ずつ、２つのチームに分かれて、それぞれ最初のレイダーを選ぶ。10m×13mくらいのコートの真ん中に線を引き、どちらの陣地にするかと、どちらが先に攻撃するかを決める。

ステップ 2

先攻のレイダーは、息つぎをせずに「カバディ、カバディ」という言葉をキャント（連呼）しながら、相手の陣地に入り、敵にタッチする。タッチされた人は、レイダーが無事に自分の陣地にもどればアウトになり、コートの外に出る。

第2章 世界の遊びをやってみよう!

ステップ 3

レイダーは、息が切れる前に自分の陣地にもどり、次のレイダーと交代する。敵の陣地では、敵につかまってもつかまらなくても息つぎをしたらアウト。今度は、相手チームの攻撃になる。

ステップ 4

息が苦しくなったら、敵にタッチしないで自分のコートにもどってもいい。時間を決めて、同じことを何回かくり返して遊ぶ。とったアウトの数が得点になり、点が多いほうが勝ち。

カバディのコート

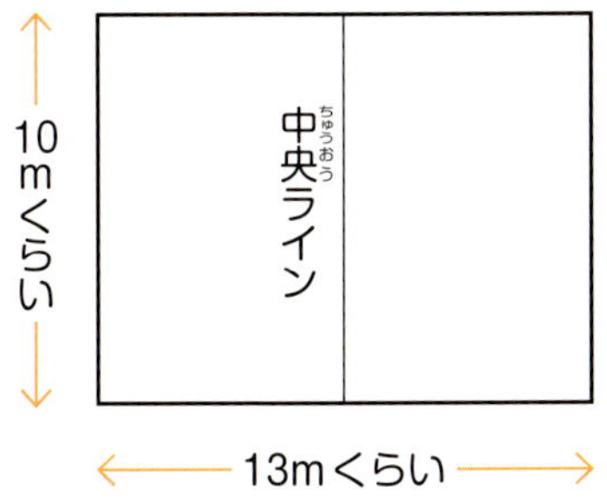

10mくらい × 13mくらい、中央ライン

コラム 「キャント」は狩りで使われていた

くり返し「カバディ」と唱えることを「キャント」といいます。「カバディ」という言葉自体に意味はなく、昔、狩りをするとき、声をかけ合いながらえものを追いこんだことからきているそうです。

マイフン

タイ
面積：51万4000km²
人口：6720万人
首都：バンコク
言語：タイ語

タイの棒飛ばし遊びで、先攻と後攻に分かれます。野球に少し似ていますがピッチャーはいません。50〜70cmくらいの親棒をバットのようにして使い、15〜20cmくらいの子棒（小さな棒）を飛ばします。地面にほったみぞの上に子棒をわたし、親棒ではじき飛ばすマイカット、自分で投げた子棒を打つマイトークタン、後ろ向きで投げた子棒を打つマイホクランという、3つの打ち方があります。とちゅうでアウトになるか、3つの打ち方が終わったら次の人に代わります。全員が打ち終わったら後攻チームの番。アウトにならずに3つの打ち方ができた人の数が多かったチームが勝ちです。

ステップ1

6〜20人で遊ぶ。2チームに分かれ、長さ10cm、幅5cmくらいのみぞを縦にほる。先攻チームはみぞの後ろにかまえ、後攻チームは飛んできた子棒を拾えるよう、散らばって立つ。

ステップ2

先攻チームの1人が、子棒を横にしてみぞの上にわたし、親棒をうまく使って、子棒をはじき飛ばす。飛ばしおわったら、親棒を横向きにして、みぞの上にわたす。

30

ステップ 3

後攻チームのだれかが、子棒を落とさずにキャッチしたら、棒を飛ばした人はアウト。次の人に代わる。落ちた子棒を拾って、そこから親棒めがけて投げ、命中してもアウトになる。

ステップ 4

セーフだったら、片手で子棒を投げ、それを親棒で打つ。子棒をキャッチされたらアウト。落ちた子棒を拾った人がみぞに向かって投げ、子棒がみぞから親棒1本分のきょり内に入ったらアウト。打った人は、子棒がみぞに近づかないよう、親棒で打ち返してもいい。

ステップ 5

セーフだったら、今度は後ろを向き、片手で子棒を投げ、それを親棒で打つ。親棒は横向きにしてみぞの上にわたす。子棒をキャッチされたらアウト。拾った人が投げた子棒が、親棒に当たったときもアウトになる。子棒は当たると痛いので、同じ長さのゴムホースに代えてもいい。

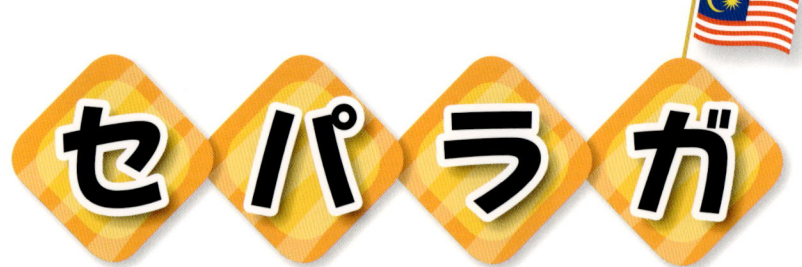

セパラガ

Sepak Raga

マレーシア
面積：33万km²
人口：3020万人
首都：クアラルンプール
言語：マレー語、中国語、タミール語、英語

「セパラガ」はマレー語で「ボール（ラガ）をける（セパ）」という意味です。このボールゲームは、マレーシアをはじめ東南アジアの国で、昔から親しまれてきました。数人で丸くなり、藤で編まれた小さな軽いボールを高くけりあげて、うまく別の人にパスします。できるだけ長い時間、ボールをけり続けるようにします。手を使ったり、ボールを地面に落としてしまったら終わりです。頭や胸など、手以外の部分なら使ってもいいという遊び方もあり、それがスポーツに発展しました。

ステップ1

円周が40〜45cm、重さが150〜180gくらいの、藤や竹で編んだ小さなボールを用意する。なければ、合成樹脂を編み重ねてつくられた、スポーツ用のボールを使ってもいい。

第2章　世界の遊びをやってみよう！

ステップ 2

立ったまま、数人で輪になる。体を大きく動かし、走ることもあるため、体がぶつかったり、ほかの人をけったりしないよう、お互いに少しきょりをとる。

ステップ 3

最初にだれがけるかを決める。選ばれた人は、ボールを高くけりあげ、別の人にパスする。ボールが自分の近くに来たら、地面に落とさないように、同じように高くけりあげる。

ステップ 4

だれかが手を使ったり、ボールを落としたりしたら終わり。人数やレベルによって、足だけでなく頭を使ってもいいなど、ルールを変えてもいい。

コラム　セパタクローの誕生

タイではこの遊びをタクロー（ボール）とよんでいました。東南アジアでは20世紀になってからバレーボールのえいきょうで、コートをはさんで3対3のチームで戦うスポーツに発展しました。そこで、マレー語とタイ語から仲よく言葉を1つずつ取ってセパタクローと名づけました。

（高須力 撮影）

33

ティチェンツー

踢毽子

中国
面積：960万km²
人口：13億9380万人
首都：北京
言語：中国語

ティチェンツーは中国で生まれ、アジアの多くの国で昔からやっているゲームの1つです。穴の空いた硬貨に鳥の羽根をさし、硬貨の部分を布か革で包んだ羽根（チェンツー）をけって遊びます。サッカーのリフティングと同じで、手を使ってはいけません。足の内側、外側や甲を使って高くけりあげ、できるだけ長くけり続けます。地面に落としたら、次の人に代わります。けった回数が一番多かった人が勝ちです。2人で対戦したり、何人かで丸くなって順番にけったりすることもできます。地面にえがいた四角に向かってけり、その中にいれる遊び方もあります。

ステップ 1
チェンツーを用意し、ける順番を決める。一番の人はチェンツーを上に投げ、落ちてきたときに足でけりあげる。

ステップ 2
足の内側、外側、甲を使って、何度もチェンツーを高くけりあげる。どちらの足を使ってもいい。

ステップ 3
地面にチェンツーを落としてしまったら、次の人に代わる。けった回数が一番多かった人が勝ち。

ステップ 4
大勢で丸くなって遊んでもいい。片足だけ、足の内側だけなど、けり方を決めて遊ぶこともできる。

チェンツーのつくり方

鳥の羽根を穴にさし、穴から出た羽根の根元をしばる。根元のまわりに布をまいてぬいつけて完成。

第2章 世界の遊びをやってみよう！

ノルティギ
널뛰기

　ノルティギは昔からある韓国の板とび遊びで、お正月に女の子がやっていました。わらの束やゴザを丸めたものを地面に置き、その上に長い板をのせて、2人でシーソーのようにして遊びます。すわらずに、板の端と端に立ってのります。板がずれて、左右の長さが変わらないように、真ん中の部分を別の人がおさえることもあります。交互に板の上でジャンプして、トランポリン遊びのように、少しずつ勢いをつけていきます。うまくバランスをとりながら、できるだけ高くとびます。板から落ちた人が負けです。たくさんの人で遊ぶときは、一番高くとんだ人が勝ちです。

韓国
面積：10万km²
人口：4950万人
首都：ソウル
言語：韓国語

ステップ 1
強く長い板と、わらの束を用意する。わらの束が真ん中にくるように、その上に板をのせる。

ステップ 2
長い板の端と端に1人ずつ立つ。とぶ順番を決めて、最初の人が板の上でジャンプする。

ステップ 3
最初の人が板の上にとびおりると、逆側の板がはねあがる。逆側の人はできるだけ高くとぶようにする。

ステップ 4
そのまま交互にジャンプを続ける。どんどん勢いをつけて高くとび、板から落ちてしまったほうが負け。

35

ロンドンブリッジ

London Bridge

London Bridge is Falling Down

　『ロンドン橋落ちた』という歌を歌いながら行う遊びです。ロンドン橋は、イギリスの首都、ロンドンのテムズ川にかかっている橋のことで、昔は大雨や火事で、よくこわれてしまったそうです。2人のおにが向かい合って手を高いところでつなぎ、その下を「ロンドン・ブリッジ・イズ・フォーリング・ダウン、フォーリング・ダウン、フォーリング・ダウン、ロンドン・ブリッジ・イズ・フォーリング・ダウン、マイ・フェア・レディー」と歌いながら通ります。曲が終わったとき、おには手をおろし、つかまった人が負け。橋の数をふやして遊ぶこともできます。

ステップ1

おにを2人決める。おになった人は、ロンドン橋の役をする。向かい合って手をつなぎ、両手を高く上げる。腕の下を人が通れるように、アーチ形にする。

ステップ2

遊ぶ人の数が多いときは、橋をふやしてもいい。残った人は列になる。全員で『ロンドン橋落ちた』の歌を歌いながら、1人ずつ、おにの腕の下をくぐっていく。

第2章 世界の遊びをやってみよう！

ステップ3
おにがつくった腕の下は、走って通りぬけたり、わざとゆっくり歩いて進んでもいい。くぐり終わった人は、列の後ろにもどる。歌が終わるまで、何度も通りぬける。

イギリス
面積：24万3000㎢
人口：6350万人
首都：ロンドン
言語：英語

London Bridge is Falling Down ♪

ステップ4
歌が終わったら、おには腕をおろす。2人の腕の中につかまった人が負け。おには手をおろす前に、フェイントをかけてもいい。橋の役を代わって、何回かくり返して遊ぶ。

コラム
マザーグースの歌
『ロンドン橋落ちた』は、マザーグースとよばれる、イギリスに昔から伝わる古い童謡の1つです。よくこわれる橋をどうやってつくり直すかを歌にしています。1番がとても有名ですが、12番まであります。

37

クリケット
Cricket

　クリケットは16世紀ごろに生まれたイギリスの国民的スポーツです。昔、イギリスの植民地だったスリランカやインドでも盛んです。ルールは野球に少し似ていて、11人のチーム戦です。打つ面が平らになっている木製のバットと、コルクにウールと革を巻いたボールと、ウィケット（三柱門）を2つ用意します。ボウラー（ピッチャー）は自分のウィケットの後ろから、ウィケットキーパー（キャッチャー）の前にあるウィケットめがけてボールを投げます。バッツマン（バッター）はボールがウィケットに当たるのを防ぐために、ボールを打ちます。

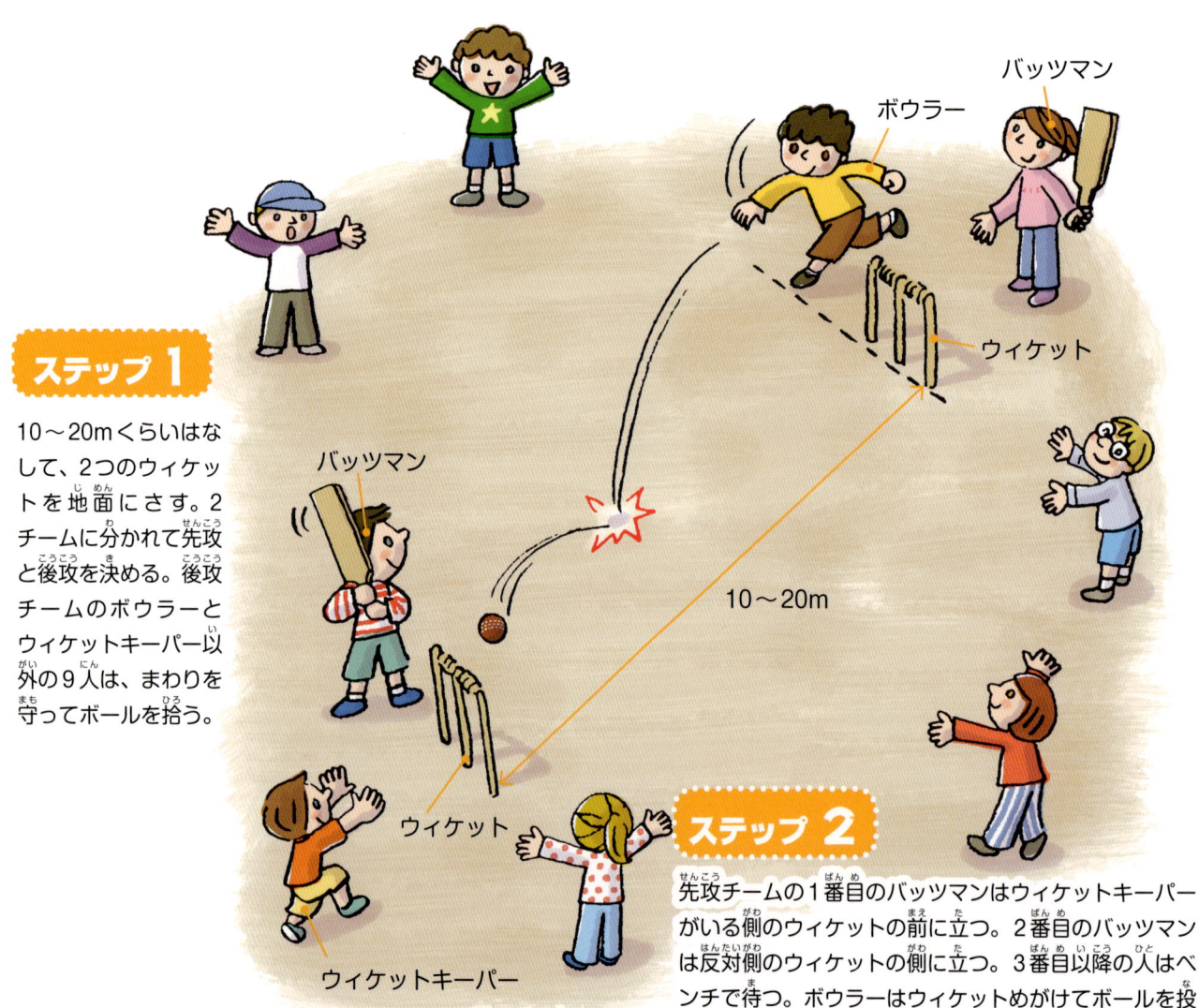

ステップ1

10〜20mくらいはなして、2つのウィケットを地面にさす。2チームに分かれて先攻と後攻を決める。後攻チームのボウラーとウィケットキーパー以外の9人は、まわりを守ってボールを拾う。

ステップ2

先攻チームの1番目のバッツマンはウィケットキーパーがいる側のウィケットの前に立つ。2番目のバッツマンは反対側のウィケットの側に立つ。3番目以降の人はベンチで待つ。ボウラーはウィケットめがけてボールを投げる。バウンドさせてもいい。ウィケットにボールが当たると、バッツマンはアウトになる。また、1人のボウラーが連続して投げていいのは6球までである。

第2章 世界の遊びをやってみよう！

ステップ 3

バッツマンは、ボールがウィケットに当たらないよう、ボールを打って止める。からぶりしてもいい。ボールを打ったら、2人のバッツマンは反対のウィケットに向かって走り、2人ともがウィケットをこえたら1点が入り、往復できたら2点が入る。ただし、ボールが地面に落ちる前に相手チームにキャッチされたらアウトとなる。また、ボールは360度どの方向に打ってもいい。

ステップ 4

ボールがもどってくるまで、バッツマンは2つのウィケットのあいだを何往復してもいい。ボールを拾った人は、ウィケットめがけてボールを投げる。バッツマンが走っているあいだにボールがウィケットに当たったら、そのウィケットに向かって走っていたバッツマンがアウト。次の人と交代して、攻撃を続ける。アウトになるまでバッツマンは何度も打てる。バッツマンは2人のペアで行うため、10アウトになると攻撃と守備を交代する。

※ここで紹介しているもの以外にもさまざまなルールがあります。

コラム　マヘンドラ・シン・ドーニ選手

日本ではあまり知られていませんが、クリケットのトップ選手はみんなのあこがれの存在。インド代表チームのキャプテン、ドーニ選手もその1人で、CMにもたくさん出演。世界で最もかせぐスポーツ選手のランキングにも登場します。

39

ハイランドゲームズ

Highland Games

　イギリスは、イングランド、ウェールズ、北アイルランド、スコットランドの4つの地域に分かれています。ハイランドは、スコットランドの北部にあるハイランド地方のこと。スコットランドに昔から伝わるダンス、音楽、スポーツをコンテスト形式で楽しむのがハイランドゲームズで、毎年行われるお祭りのようなイベントです。もともと、大人の男の人だけでしたが、最近は女の人や子どもも参加するようになりました。丸太投げ、石投げ、すもう、スコティッシュダンスだけでなく、スコットランドの楽器バグパイプを演奏するコンテストもあります。

丸太投げ

重さが80kg、長さ6mくらいある大きな丸太を垂直に立て、その下側を持って投げあげ、丸太の逆側を地面にバウンドさせて、向こう側へ半回転させる。ひっくり返った丸太が、まっすぐになればなるほどいい。

石投げ

陸上競技の砲丸投げに似ているゲーム。10kg以上ある大きな石を投げる。片手で石を持ち、肩の位置でかまえてから、できるだけ遠くへ石を飛ばす。3回投げていい。

第2章 世界の遊びをやってみよう！

すもう

相手の右肩にアゴをのせ、相手の左の脇の下から右手を通して、相手の背中で両手を組んでレスリングをする。組んだ手をはなしたり、足以外の体の部分が地面についたりしたら負け。

スコティッシュダンス

「ギリーズ」とよばれる黒いダンスシューズをはいておどる。十字になった2本の剣の上を飛びはねる、ソードダンス（剣舞）が有名。腕の動きや、細かいステップの美しさを競う。

コラム

男の人もスカートをはく？

ハイランドゲームズに参加する人は、キルトをはかなければいけません。キルトは、タータンチェック柄の巻きスカートのような服で、ベルトやピンでとめます。ハイランド地方の男の人が公的な場で着る衣装です。

ペタンク

Pétanque

フランス
面積：54万4000km²
人口：6460万人
首都：パリ
言語：フランス語

　ペタンクは、20世紀のはじめに南フランスで生まれたといわれている球遊びです。木でできた小さい球であるビュット（目標球）を先に投げます。そのビュットめがけて、全員が同じ場所から、3個の砲丸（金属のボール）を順番に投げます。砲丸の代わりに、ボールを使うこともあります。自分の砲丸を、ビュットの一番近くに寄せた人が勝ちです。得点をつけて、何度かくり返し行います。砲丸を転がしたり、おはじきのようにほかの砲丸に当てて飛ばしたりしても大丈夫。でも、的になっているビュットに砲丸が当たってしまうと、その回は失格になります。

ステップ1

的になるビュットを1つと、1人3個ずつ砲丸を用意する。次に、地面に直径35〜50cmの円をえがく。ビュットや砲丸を投げるとき、その円から足が出ないようにする。

砲丸

直径35〜50cm

ステップ2

ビュットを投げる人を決める。選ばれたら、好きな方向へビュットを投げて、的の位置を決める。ビュットも砲丸も、手でおおうようにして持ち、手のひらを下に向けて投げる。

ビュット

ステップ 3

ビュットめがけて、1人ずつ順番に砲丸を1個投げる。的に一番近かった人は、次の回は休み。ほかの人は2個目を投げる。休みの人は、だれかにぬかれたら2個目を投げる。

ステップ 4

全員が3個の砲丸を投げ終わったら、1セット目は終わり。投げた砲丸が一番ビュットに近かった人が勝ち。メジャーできょりを測ってもいい。

コラム　ペタンクは大人気のスポーツ

ペタンクはスポーツとしても親しまれ、国際大会は幅4m、長さ15m以上のコートで行われます。プレイヤーの数によって砲丸の数が変わり、トリプルスは1人2個、ダブルスとシングルスは1人3個で競い合います。

第2章　世界の遊びをやってみよう！

フィーエルヤッペン

Fierljeppen

フィーエルヤッペンは、オランダの北東にあるフリースランド州で250年以上前から親しまれている遊びです。小川の多い地域だったため、昔から木の棒を使って手軽に川をとびこえる人が多かったそうです。今では伝統的なスポーツになっており、8〜13mくらいの長いアルミの棒を使って行います。棒高とびに似ていますが、高さではなく、どれだけ遠くへとべるかを競います。助走台から、川の中に立ててある棒にとびつき、棒をよじのぼります。体重を使って、逆側の岸に向かって少しずつ棒をたおし、できるだけ遠くへジャンプします。

ステップ 2

助走台から、できるだけ高いところを目指して、棒に勢いよくとびつく。しっかり棒をつかんで、川に落ちないようにする。手と足をうまく使って、すばやく棒をよじのぼる。

ステップ 1

幅がせまく、水の流れがおだやかな川や、水をはった堀の真ん中に、長い棒を立てる。棒に飛びつきやすくするために、川の手前に助走する台も用意する。

第2章 世界の遊びをやってみよう！

オランダ
面積：4万1864km²
人口：1680万人
首都：アムステルダム
言語：オランダ語

ステップ 3

自分の体重を使って、棒を逆側の岸へ少しずつたおしていく。いいタイミングで、勢いよく棒から手をはなし、逆側の岸に向かってジャンプする。できるだけ遠くへとぶ。

ステップ 4

助走台から、着地した場所までの長さをはかる。1人3回とんで、一番いい成績で競う。川に落ちることもあるので、暖かい季節に行う。

コラム
オランダは低地で運河が多い

オランダの正式な名前はネーデルラントで、低地の国という意味です。オランダのイメージといえば風車ですが、低地にたまった水を風車を使って水路に流していました。小川や運河が多いのはそのためです。

45

ガラツキー

Городки

ロシア語で町や陣地を意味する「ガラドーク」が由来の遊びで、300年以上前からありました。ロシアではスポーツとしても親しまれています。長さ20cm、直径6～8cmくらいのリューハ（丸太）を5本と、長さ90cmくらいのバットのような木の棒を用意します。プラスチック製の道具を使うこともあります。一辺が2mくらいの正方形をえがき、それが陣地になります。先攻と後攻に分かれ、後攻の人は陣地の中でリューハを組みます。先攻の人ははなれたところから棒を投げ、リューハを陣地の外にはじき飛ばします。

90cm

ステップ1

2m四方の正方形（陣地）と、そこから13m（6.5mとするルールもある）はなれたところに投てきラインをえがく。先攻と後攻を決める。後攻の人は、陣地の中でリューハ5本をうまく組む。それが標的になる。

リューハの組み方

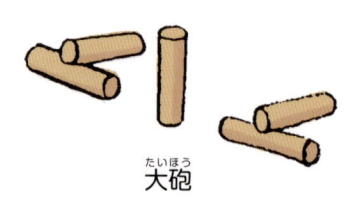

銃、井戸、大砲、矢、鎌、飛行機など組み方は何通りもあります。一度にはじき飛ばされないように、わざと散らばせたり、すぐにくずされないように、がんじょうに組んだりします。

銃

大砲

手紙

星

ステップ 2

先攻の人は投てきラインから標的に向かって、勢いよく棒を投げる。陣地からリューハをはじき飛ばすように投げ方を工夫する。2回投げていい。

ステップ 3

2回投げ終わったら、今度は後攻の人が投げる。先攻の人は、同じように陣地の中でリューハを組む。できるだけ多くのリューハをはじき飛ばしたほうが勝ち。

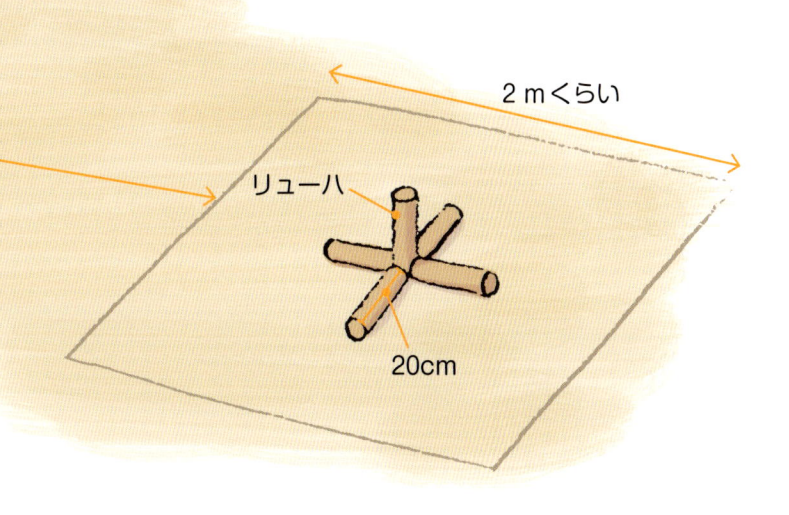

ロシア
- 面積：1707万km²
- 人口：1億4250万人
- 首都：モスクワ
- 言語：ロシア語

13mくらい

2mくらい

リューハ

20cm

ステップ 4

陣地の大きさや投てきラインの位置は変えてもいい。いろいろな形にリューハを組むと楽しい。シングルスだけでなく、ダブルスやチーム戦もできる。

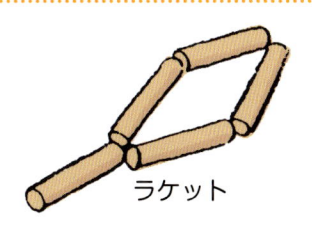

ラケット 　　井戸 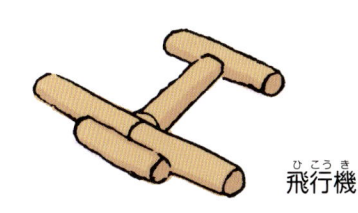　　飛行機

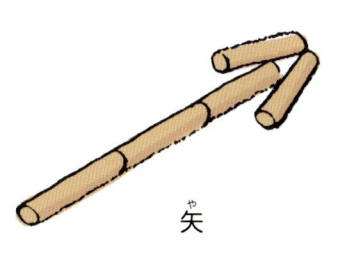

矢　　機関銃の銃座　　鎌

47

ケーゲルン

Kegeln

　ケーゲルンはドイツで昔から親しまれている的当てゲームです。ボウリングのもとになったともいわれており、ドイツには、屋内で楽しめるケーゲルン場もあります。ひし形になるように9本のピンを立てて並べ、それが標的になります。はなれたところから、指を入れる穴の空いていない小さなボールを転がします。たおしたピンの数が得点になります。できるだけ少ない回数で、できるだけ多くのピンをたおした人が勝ち。チームに分かれて、最初の人が残したピンを次の人がねらう遊び方もあります。

ステップ1
9本のピンをひし形になるように並べる。的から15〜20mくらいはなれたところに、投てきラインを引く。

ステップ2
大勢で遊ぶときは、先攻と後攻のチームに分かれる。1人何回ボールを投げるか決め、先攻チームの人は投てきラインに並ぶ。後攻チームの人はボールを拾うのを手伝ってもいい。

第2章 世界の遊びをやってみよう！

ドイツ
面積：35万7000km²
人口：8270万人
首都：ベルリン
言語：ドイツ語

15〜20m

ステップ 4

ピンが残っていたら、次の人がそれをたおす。全部たおれたら、ピンを最初の状態にもどす。決めた回数を投げたら、後攻チームの番。ピンの数を3本や5本にへらして遊んでもいい。

ステップ 3

先攻チームの最初の人は、9本のピンに向かって下からボールを転がす。ボールが地面を転がっていくようにコントロールする。投げ終わったら、列の後ろにもどる。

コラム
1970年代はボウリングが大ブームに

10本のピンめがけてボールを投げるボウリングがアメリカで盛んになり、1970年代には日本でも大ブームになりました。ボウリング場がたくさんでき、アイドル的人気のある須田開代子、中山律子選手などが活躍しました。

（全日本ボウリング協会提供）

49

ペレレ

Pelele

スペイン
- 面積：50万6000km²
- 人口：4710万人
- 首都：マドリード
- 言語：スペイン語

「ペレレ」はスペイン語で「わら人形」のことです。マルディグラというキリスト教のお祭り（カーニバル）でよく行われた昔からある遊びで、大きな毛布にのせた人形を高く飛ばします。女の人たちが4人で楽しんだそうです。大きな正方形の布と、男の人の服を着せた軽いわら人形を用意します。布の真ん中に人形を置いたあと、それぞれの人が布の端を両手で持ちます。全員で歌を歌いながら、リズムに合わせて布を上にふりあげます。すると人形が上に飛びあがります。何度かそれをくり返して、人形をできるだけ高く飛ばすようにします。

ステップ 1
わらなどの軽いものでできた人形と、正方形の大きな布を用意する。

ステップ 2
布を地面に広げる。その真ん中に、わら人形を置く。布の角のところに行き、両手で端を持つ。

ステップ 3
4人全員で布を持ちあげる。全員で歌を歌いながら、腕をあげて布を勢いよく上にふりあげる。

ステップ 4
ポーン、ポーンと布にバウンドさせながら人形をできるだけ高く空中に飛ばす。人形が落ちたら終わり。

ブーメラン

Boomerang

ブーメランは狩りに使われていた、木でできている軽い道具です。投げて飛ばす道具はいろいろな国にありますが、オーストラリアの先住民であるアボリジニの人たちは、最後は手元にもどってくる、ひらがなの「く」の形をしたブーメランをつくりました。空を飛んでいる鳥をつかまえるときに、群れに向かって投げ、鳥たちを手前に追い立てたり、あみに追いこんだりするのによく使ったそうです。スポーツ用のプラスチックのブーメランもたくさん出ており、だれが一番正確にもとの場所にもどせるかを競います。

オーストラリア
- 面積：769万2024km²
- 人口：2360万人
- 首都：キャンベラ
- 言語：英語

ステップ1
ブーメランの下を右手で持ち、たいらな面が外側にくるように、縦にしてかまえる。

ステップ2
腕を肩の上にふりあげたあと、手首のスナップをきかせて、頭の高さで前方へ投げる。

ステップ3
円をえがくようにブーメランが飛んでいれば成功。目でよく追って、自分のところにもどってくるのを待つ。

ステップ4
もどってきたら、両手で上下からはさみこむようにして取る。投げる人と取る人でペアになって遊んでもいい。

フォースクエア
Foursquare

「4つの四角」という意味の「フォースクエア」は、もともとヨーロッパで親しまれていたボール遊びです。19世紀にヨーロッパを出た移民の人たちが、アメリカなどの新大陸で広めたそうです。A、B、C、Dの4つの四角をえがき、Aを一番いい場所、Dを一番悪い場所にします。四角の中に1人ずつ入り、自分の四角の中でボールを一度バウンドさせてから、ほかの人の四角にボールを手で打ち、自分のところにボールが来たら、同じように手で打ち返します。ミスをした人はDの四角へ行き、空いた四角をうめるように、残りの3人は1つ上のランクの四角に移ります。

2〜4 m

ステップ1
縦と横がそれぞれ2〜4mくらいの大きな四角をえがき、さらにそれを4つに分けて、漢字の田の字になるようにする。A、B、C、Dの位置を決め、Aの四角にはななめに線を入れる。これがサービスラインになる。

ステップ2
4人で順番を決め、AからDの四角の中に入る。Aの人はサービスラインにふれないように外側の三角の中でボールを1回バウンドさせてから、ほかの四角に向けてボールを手で打つ（B、C、Dのどこでもいい）。

第2章 世界の遊びをやってみよう！

アメリカ
面積：962万8000㎢
人口：3億2260万人
首都：ワシントンD.C.
言語：英語

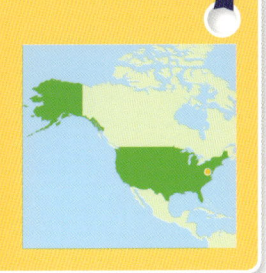

ステップ3

ボールが来た人は、自分の四角の中で1回バウンドさせてから、同じようにほかの四角にボールを手で打つ。ボールが線から出たり、手以外を使ったり、バウンドさせることができなかったりしたら、失敗（ミス）。

ステップ4

ミスした人はDの四角へ行く。ほかの人は1つ上のランクの四角に移る。たとえばBの人がミスしたら、Aの人はそのまま、Bの人はD、Cの人はB、Dの人はCへ行く。Aの四角をめざしてゲームを続ける。人数が多いときは、ミスした人はぬけて、新しい人がDに入る。

コラム 王様をめざすゲーム

ヨーロッパで生まれた遊びなので、4つの四角はもともとキング（王）、クイーン（妃）、ジャック（家来）、ベガー（ホームレス）に分かれていました。トランプゲームの大富豪のように、王様の場所をめざして競い合います。

QUEEN　KING
JACK　BEGGAR

53

ララヒッパリ

Rarájipari

　メキシコ北西部は、岩場が多く、標高が2000mもある山岳地帯です。その地域に住んでいるタラウマラ族に昔から伝わるのが、ララヒッパリという球けりマラソンです。くつではなく、革でできたサンダルをはいて行います。2つのチームに分かれて、競い合います。それぞれのチームが、木でできたボールをけり、山の中を長いきょり走ります。48時間かけて、320km走ったこともあるそうです。山道でボールが茂みに入ったり、川に落ちたりしても、手は使ってはいけません。足だけを使ってボールをつなぎ、ゴールをめざします。

ステップ1

木でできたボールを2つ用意し、革のサンダルをはいて参加する。2つのチームに分かれる。スタートラインとゴールを決め、両チーム同時にスタートする。

ステップ2

1人目は、足の甲を使って、ボールを前にけりあげる。ボールができるだけ道からそれないように注意する。そのボールをめざして、チームの全員が走る。

第2章 世界の遊びをやってみよう！

メキシコ

面積：196万km²
人口：1億2380万人
首都：メキシコ・シティ
言語：スペイン語

ステップ 3

ボールに一番はじめに追いついた人が、同じように足の甲を使って、できるだけ遠くへボールをけりあげる。そのボールを、また全員で追っていく。

ステップ 4

ボールが山道をそれたり、川の中や岩のすきまなどに落ちたりしても、手を使わず、足だけでボールを取りもどして、ボールを前へつないでいく。先にゴールに着いたチームが勝ち。木のボールをゴムボールに代えてもいい。

コラム　メキシコ先住民のタラウマラ族

高い山に暮らすタラウマラ族は、昔からララムリ（走る人）とよばれ、狩りをするときも武器ではなく足を使いました。えものを見かけたら、ひたすら走って追いかけ、えものがにげつかれてたおれたすきにつかまえたそうです。

55

レバエナポリス

Leba ena Police

　エチオピアで人気の遊びは、日本のけいどろ（どろけい）に少し似ているレバエナポリスです。エチオピアの言葉アムハラ語で、「レバ」は「どろぼう」、「エナ」は「アンド（&）」の意味で、「ポリス」は「警官」のことです。大人数で外を走り回りながら遊びます。警官とどろぼうの2つのチームに分かれ、警官はどろぼうを追いかけます。警官に背中を3回たたかれたら、どろぼうはろうやに入れられます。ほかのどろぼうが、ろうやにいる仲間の手にさわったら、全員ろうやを出られます。警官がどろぼうを全員ろうやに入れたら終わり。役を交代して遊びます。

ステップ1

どろぼうの家と、ろうやの場所を決める。どろぼうの家は小さくし、ろうやは木の近くやかべの前でもいい。2つのチームに分かれ、どちらが先に警官をするか決める。

ステップ2

警官はどろぼうを追いかけ、背中を3回たたいたら、どろぼうをろうやに入れることができる。どろぼうが家ににげこんでいるあいだは、警官はつかまえることができない。

第2章 世界の遊びをやってみよう！

エチオピア
- 面積：109万7000㎢
- 人口：9650万人
- 首都：アディスアベバ
- 言語：アムハラ語、英語

ステップ 3
ろうやに入れられたどろぼうは、手をつなぐ。ほかのどろぼうが助けにきて、ろうやのだれかの手にふれたら、全員、ろうやの外に出ていい。

警官
どろぼう
どろぼう
ろうや
どろぼう
どろぼう
警官

ステップ 4
警官がどろぼうを全員つかまえて、ろうやに入れるまで遊ぶ。そのあとは、警官とどろぼうの役を交代する。人数によってコートの大きさを変えたり、家をつくらずに自由ににげまわったりしてもいい。

コラム
エチオピアは陸上大国
高地にあるエチオピアで練習すると、長く走っても息が切れにくくなります。東京オリンピックのマラソンで金メダルをとったアベベ選手もエチオピア出身。箱根駅伝でもエチオピアから来た留学生が活躍しています。

57

ゴンドーグル チャワウィーラ

Gondo Guru Chawawira

　ゴンドーグルチャワウィーラは、アフリカのジンバブエの遊びです。「ゴンドー」は「ワシ」、「グル」は「大きい」、「チャワウィーラ」は「つかまえる」という意味で、ワシがヒヨコをとらえるゲームです。まず、ワシになる人とめんどり（にわとりのお母さん）になる人を選びます。残りの人はヒヨコです。ヒヨコたちは前の人の肩か腰につかまり、めんどりの後ろに並びます。「ゴンドーゴンドーグルチャワウィーラ」と声をかけながら、ワシは列の最後にいるヒヨコをねらいます。めんどりは両手を広げてワシを止めます。つかまったヒヨコは、ワシの後ろにつきます。

ワシ

ステップ 1

ワシの役をする人と、めんどりの役をする人を決める。ほかの人たちは、めんどりの子どものヒヨコ役になる。ヒヨコはめんどりの後ろにかくれるように、肩か腰につかまって縦に並ぶ。

ステップ 2

ワシとめんどりが向かい合う。「ゴンドーゴンドーグルチャワウィーラ」という言葉をくり返しながら、ワシは列の一番後ろにいるヒヨコにおそいかかる。

第2章 世界の遊びをやってみよう！

ジンバブエ
面積：38万6000km²
人口：1460万人
首都：ハラレ
言語：英語、ショナ語、ンデベレ語

ステップ 3

めんどりは両手を広げてワシの動きを止め、ヒヨコを守る。ヒヨコ同士で協力して、ワシとは逆の方向へにげる。ワシにつかまったヒヨコはワシの後ろにつく。

ヒヨコ

めんどり

ステップ 4

同じことを続けて、ワシはできるだけ多くのヒヨコをつかまえる。ヒヨコが全員つかまったら終わり。役わりを代えて、くり返し遊ぶ。

コラム 日本の「ことろことろ」にそっくり

「ことろことろ」は、平安時代からある遊びです。「ことりおに」ともよばれています。おにと親を決めて、ほかの人は子どもになり、親の後ろに並びます。全員で歌のやりとりをし、おにが子をつかまえたら、おには子の列の後ろにつき、親がおにになります。

（国立国会図書館蔵）

59

おわりに

この本は、世界の子どもの遊びを紹介しています。

子どもはよく遊びの天才といわれますが、生まれたときから遊べるわけではありません。遊ぶためには、約束を取り付ける能力が必要です。

ままごとは、「これは本当の家族の暮らしのように見えて実は"まねごと"です」という約束がなされて初めて遊びになります。勝ち負けのある遊びも同じで、「これは遊びの競争です。こういうルールで勝ち負けを決めましょう」という約束ごとをたがいに取り付けて遊びが始まります。そして途中、どれほど夢中になって我を忘れても、頭のどこかに「これは遊び」という初めの約束が残っていて、最後には遊びを終わらせます。遊びは知的な行動なのです。遊びを成り立たせるこうしたしくみの重要性は、オランダのヨハン・ホイジンガやアメリカのグレゴリー・ベイトソンといったすぐれた研究者がつとに指摘したところです。

このように、遊びは約束ごとでできています。それなら、世界中どこでも遊びは同じかというと、そうではありません。遊びを成り立たせるしくみは同じでも、遊び方がちがいます。遊び方は、これを行う人たちの社会の長い歴史の中でつくられたもので、そこには、その土地土地の自然や文化が強く影響しています。じゃんけんやおにごっこ、かくれんぼなども、国や社会がちがえば遊び方がちがうこと、また日本では見たこともない遊びが世界にたくさんあることに、みなさんはこの本の中で気づくことでしょう。

遊びは、つまり文化なのです。外国の遊びをやってみることでその国の文化を知ることができます。遊びで国際交流、異文化体験をしてみましょう。

寒川恒夫

国別インデックス (50音順)

- 🇺🇸 アメリカ　p.16 ミュージカルチェア　p.21 コマ回し　p.24 レッドライト・グリーンライト　p.52 フォースクエア
- 🇬🇧 イギリス　p.23 ケンケンパ　p.26 バトルシップ　p.36 ロンドンブリッジ　p.38 クリケット　p.40 ハイランドゲームズ
- 🇮🇷 イラン　p.11 ガエムムシャク
- 🇮🇳 インド　p.28 カバディ
- 🇮🇩 インドネシア　p.7 じゃんけん
- 🇺🇿 ウズベキスタン　p.13 オックテラクミ・クックテラク
- 🇪🇹 エチオピア　p.56 レバエナポリス
- 🇦🇺 オーストラリア　p.51 ブーメラン
- 🇳🇱 オランダ　p.23 ケンケンパ　p.44 フィーエルヤッペン
- 🇨🇦 カナダ　p.15 ダックダックグース　p.25 ワット・タイム・イズ・イット、ミスター・ウルフ
- 🇰🇷 韓国　p.11 ダバングコオ　p.35 ノルティギ
- 🇰🇭 カンボジア　p.15 リアックカンサエン
- 🇬🇹 グアテマラ　p.17 シュカの水
- 🇰🇪 ケニア　p.13 シンギングゲーム
- 🇿🇼 ジンバブエ　p.58 ゴンドーグルチャワウィーラ
- 🇪🇸 スペイン　p.50 ペレレ
- 🇹🇭 タイ　p.30 マイフン
- 🇨🇳 中国　p.21 空中ゴマ　p.34 ティチェンツー
- 🇹🇻 ツバル　p.19 指ずもう
- 🇩🇪 ドイツ　p.8 フレックハッシェン　p.23 ケンケンパ　p.48 ケーゲルン
- 🇳🇵 ネパール　p.6 じゃんけん
- 🇵🇭 フィリピン　p.9 パチンテロ
- 🇧🇹 ブータン　p.19 腕ずもう
- 🇫🇷 フランス　p.6 じゃんけん　p.23 ケンケンパ　p.42 ペタンク
- 🇲🇾 マレーシア　p.32 セパラガ
- 🇲🇲 ミャンマー　p.7 じゃんけん
- 🇲🇽 メキシコ　p.54 ララヒッパリ
- 🇲🇳 モンゴル　p.7 じゃんけん
- 🇷🇺 ロシア　p.46 ガラツキー

さくいん

あ行

アームレスリング……………………18
アジア…………………………………34
アボリジニ……………………………51
アムハラ語……………………………56
アメリカ………………16, 21, 24, 52
イギリス………23, 26, 36, 37, 38, 40
石投げ…………………………………40
イラン…………………………………11
イングランド…………………………40
インド……………………28, 38, 39
インドネシア…………………………7
ウィケット……………………38, 39
ウィケットキーパー…………………38
ウェールズ……………………………40
ウスター………………………………11
ウズベキスタン………………………13
エチオピア…………………56, 57
オオカミ………………………………25
オーストラリア………………………51
オックテラクミ・クックテラク……13
おに……8, 9, 10, 11, 14, 15, 24, 36, 59
親棒……………………………30, 31
オランダ………………………23, 44, 45

か行

カーニバル……………………………50
ガエムムシャク………………………11
カナダ…………………………15, 25
韓国……………………………11, 35
カンサエン……………………………15
カンボジア……………………………15
北アイルランド………………………40
キツネ…………………………………15
キャント………………………28, 29
ギリーズ………………………………41

キリスト教……………………23, 50
キルト…………………………………41
グアテマラ……………………………17
空中ゴマ………………………………21
クロマー………………………………15
警官……………………………56, 57
けいどろ………………………………56
ケニア…………………………………13
拳遊び…………………………………6
けんかゴマ……………………………20
ことろことろ…………………………59
子棒……………………………30, 31

さ行

シュカの水……………………………17
正月……………………………20, 35
シンギングゲーム……………………13
信号機…………………………………24
新大陸…………………………………52
ジンバブエ……………………………58
スー語…………………………………21
スコットランド………………23, 40
スコティッシュダンス………40, 41
スペイン………………………………50
すもう…………………………40, 41
スリランカ……………………………38
セパタクロー…………………………33
ソードダンス…………………………41

た行

タイ……………………………30, 33
タイ語…………………………………33
タクロー………………………………33
ダコタ族………………………………21
たたきゴマ……………………………21
ダックダックグース…………………15
タバングコオ…………………………11

タラウマラ族……………………54, 55
チェンツー………………………………34
中国……………………………6, 20, 21, 34
ツバル……………………………………19
テムズ川…………………………………36
ドイツ……………………………8, 23, 48
どろぼう……………………………56, 57

な行
ネコ………………………………………11
ネズミ……………………………………11
ネパール……………………………6, 28

は行
ハイランド地方…………………………40
パキスタン………………………………28
バグパイプ………………………………40
パチンテロ………………………………9
バッツマン…………………………38, 39
花がさいた………………………………11
ハンカチ……………………………14, 15
バングラデシュ…………………………28
ハンター…………………………………8
ヒツジ……………………………………25
ビュット……………………………42, 43
ヒヨコ………………………………58, 59
フィリピン………………………………9
ブータン…………………………………19
フランス……………………………6, 23, 42
フリースランド州………………………44
フレックハッシェン……………………8
砲丸…………………………………42, 43
ボウラー…………………………………38
ボウリング…………………………48, 49
ポプラ……………………………………13
ポリネシア………………………………19

ま行
マイカット………………………………30
マイトークタン…………………………30
マイホクラン……………………………30
マザーグース……………………………37
マス……………………………22, 23, 26
マラソン……………………………54, 57
丸太投げ…………………………………40
マルディグラ……………………………50
マレー語……………………………32, 33
マレーシア………………………………32
南アジア…………………………………28
ミャンマー………………………………7
ミュージカルチェア……………………16
メキシコ……………………………54, 55
めんどり……………………………58, 59
モンゴル…………………………………7

や行
ヨーロッパ………………16, 22, 23, 52, 53

ら行
リアックカンサエン……………………15
リューハ……………………………46, 47
レイダー……………………………28, 29
レッドライト・グリーンライト………24
ろうや………………………………56, 57
ロシア……………………………………46
ロンドン…………………………………36
ロンドン橋落ちた…………………36, 37

わ行
ワシ…………………………………58, 59
ワット・タイム・イズ・イット、
　　ミスター・ウルフ…………………25
わら人形…………………………………50

63

監修者　**寒川 恒夫**　そうがわ つねお

1947年生まれ。筑波大学大学院体育科学研究科博士課程修了。学術博士。現在、早稲田大学スポーツ科学学術院教授。日本学術会議連携会員、アジアスポーツ人類学会会長。スポーツ人類学、スポーツ文化論、民族スポーツ論専門。世界各地の民族スポーツをサンプルに、そこに生きる人達の生活・文化とスポーツの関わりを研究している。著書に、『民族遊戯大事典』（共編、大修館書店）、『遊びの歴史民族学』（明和出版）、『ビジュアル図鑑 調べよう！ 考えよう！ やってみよう！ 世界と日本の民族スポーツ』全4巻（監修・著、ベースボール・マガジン社）、『日本武道と東洋思想』（平凡社）などがある。

執筆　**権田 アスカ**　ごんだ あすか

イラスト　すみもと ななみ

編集・デザイン　ジーグレイプ株式会社

参考文献　こどもくらぶ編『世界の外あそび（大人と子どものあそびの教科書）』今人舎／馬場桂一郎・岸本肇編著『世界の子どもの遊び事典―総合的な学習・国際交流学習を盛り上げる』明治図書出版／馬場桂一郎編著『続・世界の子どもの遊び事典』明治図書出版／田中ひろし著、こどもくらぶ編『世界のじゃんけん（大人と子どものあそびの教科書）』今人舎／石毛直道監修、小長谷有紀編著『くらべてみよう！ 日本と世界のくらしと遊び』講談社／大林太良・岸野雄三・寒川恒夫・山下晋司編『民族遊戯大事典』大修館書店／こどもくらぶ編『世界のじゃんけん大集合（大人と子どものあそびの教科書）』今人舎／森田勇造編著『世界71カ国の野外伝承遊び：これからの科学文明社会に対応する少年教育の知恵』青少年交友協会野外文化研究所／加古里子著『伝承遊び考1〜4』小峰書店／寒川恒夫監修・著、こどもくらぶ編『ビジュアル図鑑 調べよう！ 考えよう！ やってみよう！ 世界と日本の民族スポーツ1〜4』ベースボール・マガジン社／大貫美佐子監修『国際理解にやくだつ世界の遊び1〜7』ポプラ社／Jack Maguire『Hopscotch, Hangman, Hot Potato, & Ha Ha Ha: A Rulebook of Children's Games』Simon and Schuster ／ Patti Sima『Jumbo Book of Games: Over 250 games to energize the mind and body』Teacher Created Resources

世界の子どもの遊び
文化のちがいがよくわかる！

2015年 7月 8日　第1版第1刷発行
2023年 3月 8日　第1版第10刷発行

監修者　寒川恒夫
発行者　永田貴之
発行所　株式会社PHP研究所
　　　　東京本部　〒135-8137　江東区豊洲5-6-52
　　　　　児童書出版部　TEL 03-3520-9635（編集）
　　　　　普及部　TEL 03-3520-9630（販売）
　　　　京都本部　〒601-8411　京都市南区西九条北ノ内町11
　　　　PHP INTERFACE https://www.php.co.jp/

印刷所
製本所　図書印刷株式会社

©g.Grape Co.,Ltd. 2015 Printed in Japan　ISBN978-4-569-78473-1

※本書の無断複製（コピー・スキャン・デジタル化等）は著作権法で認められた場合を除き、禁じられています。また、本書を代行業者等に依頼してスキャンやデジタル化することは、いかなる場合でも認められておりません。

※落丁・乱丁本の場合は弊社制作管理部（☎03-3520-9626）へご連絡下さい。送料弊社負担にてお取り替えいたします。

63P 29cm NDC781